Voilà la maison de la fa
Il est huit heures du m

Gisèle est au lit.
Le réveil sonne.

Gisèle se lève et s'habille.

Elle descend l'escalier.
Elle entre dans la salle à manger.
Elle embrasse sa mère et son père.
Elle mange son pain et boit son café.

Elle sort de la maison.
Elle entre dans l'écurie.
Voilà son petit poney.
Il est brun.
Il s'appelle Hector.

Gisèle monte sur le dos d'Hector.
Elle va à la forêt.
C'est l'hiver. Les branches sont nues, et il fait froid.

Gisèle arrive à la rivière.
Il y a des enfants sur la glace.
Ils aiment bien glisser.
Les enfants sont heureux.

Mais soudain il y a un crac.
Un des enfants tombe dans l'eau.
Il crie :
—Au secours !
Un de ses amis approche avec précaution.
Mais il ne peut pas le sauver.
Que faire ?

Gisèle descend de son petit poney gris.
Elle court à la rivière.
—Donnez-moi vos écharpes, dit-elle.
Les écharpes sont longues.
Elle noue les écharpes.
Alors elle a une longue corde.
Elle lance la corde vers le garçon.

Mais elle n'est pas assez longue.
—Encore des écharpes, s'il vous plaît.

Maintenant la corde est assez longue.
Elle la lance encore une fois.
Le garçon attrape la corde.

Gisèle attache la corde à son poney.
—Tire, Hector, crie-t-elle.
Hector tire de toutes ses forces.

Voilà le garçon, sain et sauf.
Mais il est trempé jusqu'aux os.
Il a froid.
—Où est ta maison? demande Gisèle.
—A deux kilomètres, répond le garçon.
—Monte sur mon poney, dit Gisèle.
Elle monte derrière le petit garçon.
Hector court vite.

Ils arrivent bientôt à la maison du garçon.
Voilà la mère du garçon.
Elle regarde son fils.
—Qu'est-ce qu'il y a? dit-elle.
—Je regrette, Maman, mais . . .
La mère dit merci à Gisèle.
Gisèle dit au revoir à la dame.
Elle monte sur Hector.
Hector ne va pas très vite.
Il est fatigué.

Voilà Françoise.
Elle est l'amie de Gisèle.
Elle est près de la rivière.
Elle regarde la glace.
Elle voit le grand trou dans la glace.
—C'est curieux, dit-elle.

Elle va à la maison de Gisèle.

Elle frappe à la porte.

Voilà M. Martin.

—Gisèle, elle est là?

—Non, Françoise. Elle est dans la forêt.

—Où?

—Près de la rivière.

—Mais il n'y a personne près de la rivière.

—C'est vrai?

—Oui, j'en suis sûre.

—Mais elle se promène dans la forêt avec Hector.

—Elle n'est pas là. Mais il y a un grand trou dans la glace.

Mme. Martin est dans la cuisine.
Elle prépare le déjeuner.
M. Martin entre dans la cuisine.
—Je vais chercher Gisèle.
—Pourquoi? C'est l'heure de déjeuner.
—Elle n'est pas dans la forêt, et il y a un grand trou dans la glace.

Voilà M. Martin. Il entre dans la forêt.
Il arrive à la rivière.
Voilà le grand trou dans la glace.
M. Martin crie:
—Gisèle!
Il ne trouve pas sa fillette.

Il est deux heures.
Gisèle rentre à la maison.
Mme. Martin est inquiète.
—Où est Papa?
—Je ne sais pas.

M. Martin cherche dans la forêt.
Que faire?
Il rentre à la maison.

Il trouve Gisèle.
Alors, il est heureux.
Mme. Martin est heureuse aussi.
—Je regrette, Papa, dit Gisèle.
—Où est le déjeuner? dit Papa.
—Le déjeuner est froid, dit Maman.